SUSTAINABLE DEVELOPMENT GALS 어린이가 꼭 알아야 할 지속가능발전목표

슬기로운 지구 생활

10 좋은 일자리

글 새런 테일러 | 그림 엘리사 로치
옮김 김영선 | 감수 윤순진

다섯
어린이

지속가능발전목표

다산북스는 유엔의 지속가능발전목표를 지지합니다.

2015년 유엔(UN, 국제연합)은 지구와 우리의 삶에 영향을 미치는 가장 심각한 문제들을 해결하기 위해 '지속가능발전목표'를 세웠어. '지속가능발전'이란 미래를 위해 환경을 보호하고 사회·경제적 자원을 낭비하지 않으면서 현재 우리 삶을 더 좋은 방향으로 발전시키는 것을 말해. 이를 위해 전 세계가 2016년부터 2030년까지 달성할 17가지 목표를 정한 거야. 지속가능발전목표는 국가뿐 아니라 시민 하나하나가 일상생활에서 노력해야 이룰 수 있어.

전 세계인을 위해 좋은 일자리를 만들면서 경제 발전을 이루려면 어떻게 해야 할까?

슬기로운 지구 생활을 위해!

- 청년과 장애인을 비롯해 모든 사람을 위한 일자리를 만들고, 중소기업이 발전할 수 있도록 힘쓰기.
- 동일 노동에는 동일 임금을 보장하기.
- 일하지 않고 교육이나 훈련도 받고 있지 않는 청년의 수 줄이기.
- 모든 노동자의 권리를 보호하고 안전한 일터 만들기.
- 지역 금융기관은 모든 지역 주민이 은행을 편리하게 이용하고 금융 정보를 쉽게 얻을 수 있도록 돕기.
- 개발도상국이 지속 가능한 방법으로 생산과 교역을 하면서 부를 쌓고 경제를 성장시키도록 지원하기.
- 인터넷을 비롯해 모두를 위한 기술 체계를 개선하기.
- 관광산업이 지속 가능한 방식으로 일자리를 만들고 지역 문화와 특산품을 홍보하도록 도와주기.
- 모든 종류의 강제 노동과 현대판 노예제도, 인신매매를 없애기.

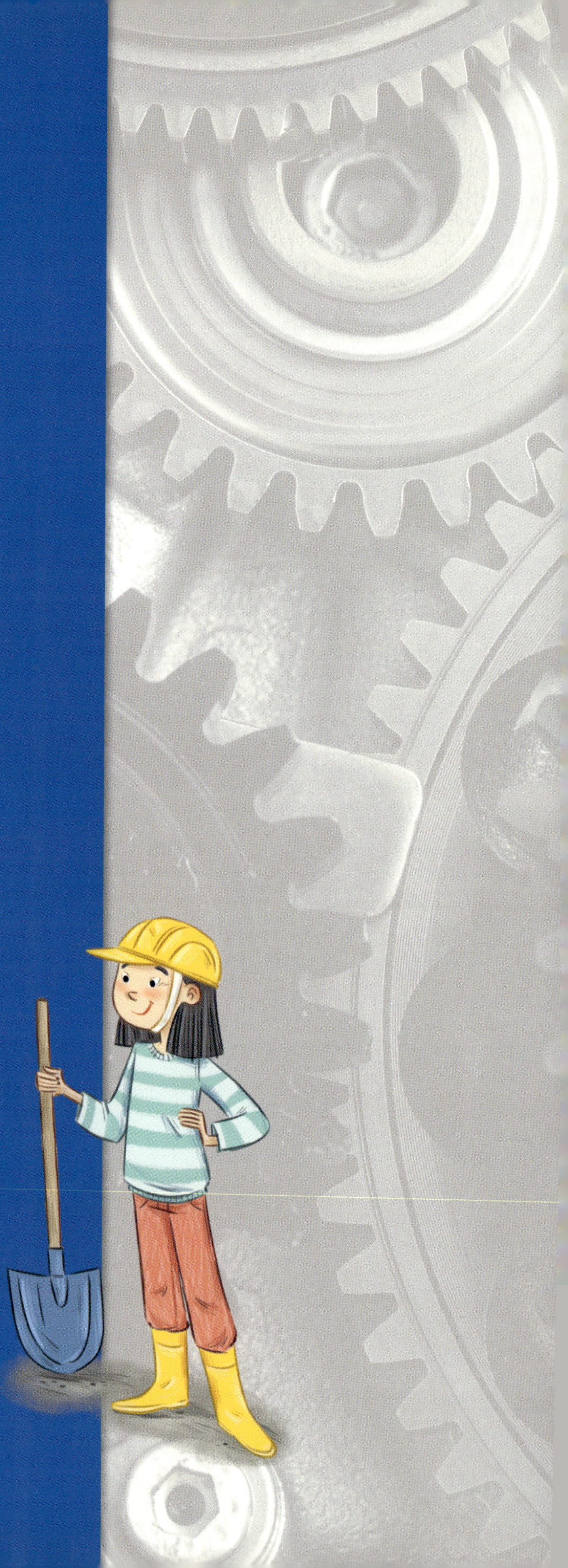

차례

6-7	직업이란 무엇일까?
8-9	모두를 위한 일자리
10-11	늘어나는 실업률
12-13	청년 실업
14-15	공정한 임금
16-17	돈을 받지 못하는 노동
18-19	강제 노동
20-21	심각한 아동 노동
22-23	안전한 일터 만들기
24-25	자영업자 지원하기
26-27	지역사회의 발전을 위해
28-29	공정 무역
30-31	힘을 모아야 할 때
32	성공적인 모범 사례
33	찾아보기

직업이란 무엇일까?

직업은 생계를 위해 일정한 시간 동안 일을 하는 거야. 그 대가로 고용자와 약속한 금액인 보수 또는 임금을 받게 되지. 임금은 1~2주에 한 번씩 현금으로 지급되거나 월 단위로 정해진 날짜에 은행 계좌로 입금되기도 해.

일하는 장소는 사무실이나 공장, 가게와 집 등 다양해.

직업은 아주 다양해.
교사가 되는 사람도 있고,

보조 교사로
일하기도 하고,

농부가 되는
사람도 있지.

전 세계 정부와 고용자 그리고 노동자와 노동자 대표들은 생산 활동이 가능한 15~64세 인구가 모두 일할 수 있으려면 일자리가 더 많아야 한다는 사실을 오래전에 깨달았어. 또한 모든 노동자와 그들의 권리가 보호되어야 한다는 것도 알고 있지. 보호 대상에는 일하다가 실업자가 된 사람도 포함돼.

국제노동기구(ILO)는 일자리를 만들고 노동자의 권리를 보호하며 경제 위기를 극복하기 위해 2009년에 187개 나라와 세계일자리협약을 맺었어.

돈을 받지 않고
자발적으로 하는 일은
자원봉사라고 해.

산업이란 우리의 삶을 더 풍요롭게 만들기 위해 물건이나 서비스를 생산하는 활동이야. 주로 공장에서 원료를 가공해서 제품을 만드는데, 자동차 산업과 건설 산업 등 종류도 다양하지. 산업은 전 세계 수많은 사람에게 일자리를 제공하고 있어.

건설 현장을 관리하는 사람.

하지만 유엔은 불과 몇 년 전에야 세계일자리협약만으로는 충분하지 않다는 사실을 깨달았지.

그래서 2016년 지속가능발전목표를 제시할 때, 세계 각국이 모든 국민에게 양질의 일자리를 제공하고 국민소득을 올릴 방법을 찾아서 세계의 경제 위기를 극복해야 한다는 내용을 포함시켰어. 양질의 일자리란, 생산적이고 안전하고 공정한 임금을 받는 직업이야.

전기기사.

유엔의 193개 회원국은 지속가능발전목표에 동의하고, 고용자와 노동자 모두에게 더 나은 미래를 만들기 위해 함께 노력하고 있어.

건물을 짓는 사람.

모두를 위한 일자리

직업이 있으면 돈을 벌어서 삶의 질을 높일 수 있어. 하지만 직장을 구하기가 마냥 쉬운 일은 아니야.

특히 출신 지역과 성별, 나이와 장애 등을 이유로 사회에서 소외된 사람들이 취업 기회를 얻기란 아주 어렵단다.

 불공정한 취업 기회

신분이나 출신과 상관없이 누구나 양질의 일자리를 얻을 기회를 누릴 수 있어야 해. 사회에 도움이 되고, 안전하며, 노동에 대한 정당한 대가를 받는 직업이 바로 양질의 일자리야.

그런데 보통 사회적으로 차별받는 사람이 일자리를 찾을 때 더 많은 어려움을 겪고 있어. 구직자가 나이가 많거나 외국인이거나 여성이거나 종교와 가치관이 다르다는 이유로 채용되지 않는 경우가 많거든. 아주 불공평하지.

전 세계 인구의 약 15퍼센트인 10억 명이 장애인이야. 장애인은 비장애인에 비해 일자리를 구할 가능성이 훨씬 적어. 상황이 나아지고 있지만 프랑스와 미국, 일본, 영국, 한국, 네덜란드 같은 선진국에서도 여전히 장애인의 취업률이 아주 낮은 편이야.

자기 나라를 떠나 다른 나라에 가서 사는 사람을 이주민이라고 불러. 특히 자기 나라에서 일자리를 구하지 못해 자신과 가족의 생계를 위해 떠나는 사람이 많지. 계절에 따라 일의 양이 달라지는 산업 분야에서 일해서 일거리를 찾아 주기적으로 나라를 옮겨 다니는 계절노동자도 있어. 국제노동기구는 전 세계 계절노동자 수가 약 1억 6,900만 명이나 된다고 밝혔어.

지구 마을 뉴스

전쟁이나 재해 때문에 어쩔 수 없이 자기 나라를 떠난 사람을 난민이라고 해. 대부분의 난민은 새로운 나라에서 일자리를 찾기가 힘들어. 법으로 난민의 취업을 금지하는 나라도 있고 고용자가 난민을 불공평하게 대하기도 하거든.

공정한 기회를 위한 노력 넷

모든 사람은 공정한 대가를 받는 양질의 일자리를 구할 권리가 있어.

1. 국제노동기구는 지난 100여 년 동안 누구나 양질의 일자리를 구할 수 있도록 노력했어. 이를 위해 노동자에게 최소한의 권리를 보장하는 국제노동기준을 정했지. 또한 이민자와 난민이 새로 정착한 국가에서 안정된 직장을 구하고 그 국가의 경제적 혜택을 누릴 수 있도록 돕고 있어.

2. 독일과 영국, 캐나다, 호주에는 잠시 살고 있는 이주민이 많아. 영구적인 이주, 즉 이민을 원하는 사람에게 가장 인기 있는 나라는 미국이야. 경제적으로 풍요로운데다 사회 기반 시설과 교육제도가 잘 갖추어져 있고, 개인의 자유를 보장하기 때문이지. 미국에 사는 이민자는 약 5,100만 명이나 되는데, 이건 전 세계 이주민의 약 20퍼센트에 해당하는 수야.

3. 노르웨이는 장애인 고용률이 가장 높은 나라야. 노르웨이 정부는 사람들이 장애를 이해하도록 꾸준히 교육하고 있어. 그리고 일터를 장애인 노동자에게 알맞은 형태로 고치는 비용도 지원하고 있지.

4. 2021년 '세계 장애인의 날'에는 눈에 잘 보이지 않는 장애에 대한 관심을 촉구했어. 시력과 청력 장애, 정신 질환, 통증 질환, 뇌 손상, 학습 장애 등이 있는 사람도 차별받지 않고 일할 권리가 있단다.

1

모두에게 동등한 권리를!

2

세계 장애인의 날 12월 3일

3

4

늘어나는 실업률

일자리를 잃으면 돈을 벌 수 없을 뿐만 아니라 더 큰 문제가 생길 수 있어. 그래서 실업자가 새 직장을 찾는 동안 재정적으로 지원하는 것이 중요하지. 현재 코로나19 대유행으로 전 세계적으로 수많은 사람이 일자리를 잃었어. 그런데 가난한 나라에서는 실업자를 도와줄 힘이 없어 더 문제야.

 점점 더 나빠지는 상황

일을 한다는 것은 돈을 버는 것 이상의 의미가 있어. 일하면서 기술을 익히는 것은 물론, 인간관계를 넓히고 자신감도 키우게 되니까.

하지만 직업이 없으면 이런 기회가 모두 사라지기 때문에 우울감에 빠지기 쉽지.

실업은 빈곤과 질병, 교육 기회의 상실, 굶주림, 안전의 위협은 물론 심지어 범죄로 이어질 수도 있어. 더구나 실직 기간이 길어질수록 새 일자리를 찾기가 더 어려워질 수 있어. 벗어나기 힘든 악순환에 빠지는 거지.

실직 기간에 정부의 지원을 받는 실업자는 전 세계적으로 5명 중 1명뿐이야. 오래 실업 상태에 있는 사람들은 시간제로 일하거나 임금이 턱없이 낮은 일이라도 하게 돼. 일을 한다 해도 예전만큼 돈을 벌지 못하는 거지.

새 직장에서는 노동자가 전 직장에서 받던 임금에 따라 급여를 결정하기도 해. 그래서 한번 수입이 줄면 늘기가 쉽지 않은 거야.

국제노동기구에 따르면 실업률이 가장 높은 10개 나라는 아프리카와 오세아니아, 아시아, 남아메리카에 있어. 대부분 가난하거나 경제개발을 막 시작했거나 전쟁 중인 나라지. 게다가 코로나19가 전 세계적으로 유행하면서 실업률이 더 올라갔어.

- 부르키나파소 : 77퍼센트
- 케냐 : 40퍼센트
- 나미비아 : 34퍼센트
- 시리아 : 50퍼센트
- 지부티 : 40퍼센트
- 키리바시 : 31퍼센트
- 세네갈 : 48퍼센트
- 콩고 : 36퍼센트
- 아이티 : 41퍼센트
- 마셜제도 : 36퍼센트

지구 마을 뉴스

실업자 지원 노력 넷

많은 정부와 금융기관이 노동자와 실업자를 지원하는 정책을 펼치고 있어.

1. 많은 나라가 코로나19가 대유행하자 임금에서 정부 지원금이 차지하는 비중을 최대로 높이는 방식으로 노동자를 지원했어. 여러 나라가 이런 특별 지원 제도를 1년 넘게 시행 중이야.

2. 2018년, 네팔은 경제개발이 뒤떨어진 개발도상국 중 처음으로 실업자에게 지원금을 지급했어. 직장에 다니다 실직했거나 현재 적극적으로 일자리를 찾는 사람에게 혜택을 주었지. 지원금은 일정 기간이나 새 직장을 구할 때까지 지급했단다.

3. 2020년 6월, 세계은행은 동아프리카와 남아프리카에서 일자리를 만들고 민간 회사의 설립을 돕기 위해 국제개발협회에 4억 2,500만 달러를 지원했어. 국제개발협회의 173개 회원국은 세계에서 가장 가난한 나라들의 경제와 생활환경을 개선하기 위해 함께 노력하고 있어.

4. 세계은행은 고용 센터의 직원이 실업자의 구직 활동을 더 잘 도울 수 있도록 워크숍을 진행했지.

청년 실업

15~24세 청년들이 일자리를 찾는 데 어려움을 겪고 있어. 유엔에 따르면, 전 세계적으로 이 연령대 청년 중 20퍼센트 이상이 직업도 없고, 직업훈련도 받지 못하고, 학교에 다니지도 않아.

모두를 위한 양질의 일자리 공급과 세계 경제의 건강한 미래라는 목표를 달성하려면 청년 실업 문제를 반드시 해결해야 해.

❗ 시작부터 어려워

모든 나라의 청년 실업률이 같은 건 아니야. 2021년, 남아프리카공화국의 청년 실업률은 65퍼센트이고 지금도 계속 오르는 반면, 스위스의 청년 실업률은 3퍼센트 미만이거든.

가난한 나라를 포함한 개발도상국은 대개 학교를 졸업한 청년들이 양질의 일자리를 구하려고 해도, 일자리가 충분하지 않아서 직업을 구하지 못하는 경우가 많아.

그래서 많은 청년들이 일자리를 구하지 못하고, 재정적인 지원도 못 받고 있지. 운이 좋아 일자리를 구한다 해도 임금을 적게 받기 때문에 나이가 더 많은 노동자보다 극심한 빈곤에 처할 가능성이 2배나 높아.

한 번 더 생각해 보기

코로나19 팬데믹의 영향으로 청년 실업률이 더욱 높아졌어. 청년들은 계약직이나 아르바이트를 하는 경우가 많은데다 다른 직원에 비해 경력이 짧다는 이유로 가장 먼저 해고되는 일이 잦거든. 게다가 수많은 술집과 식당, 큰 공장, 사무실 등이 문을 닫으면서 그곳에서 일하던 사람도 일자리를 잃었지. 문을 닫은 곳은 다시 문을 열기까지 1년이 넘게 걸리거나 결국 완전히 사업을 접기도 했어. 또한 청년 실업자가 새 일자리를 찾을 때 경력이 더 많은 구직자와 경쟁할 수밖에 없는데, 기회는 대개 경력자에게 돌아간단다.

청년 구직자 지원 방법 넷

정부가 청년 지원 정책을 시행하면 더 많은 청년이 안정적인 양질의 일자리를 구할 수 있어.

1. 코로나19로 청년 실업이 늘자 2020년 10월 유럽연합의 모든 국가가 청년 구직자를 지원하기로 다시 한 번 약속했어. 유럽연합은 청년보장제도를 통해 30세 미만 청년이 일자리를 잃거나 학교를 졸업한 뒤로부터 4개월 안에 일자리를 구할 수 있도록 돕고, 일자리를 얻는 데 필요한 교육과 훈련 기회를 제공하고 있어.

2. 국제노동기구의 '창업 및 사업 개선' 사업은 세계 최대 규모의 기업가 지원 프로그램이야. 각 지역의 자선단체와 기관의 지원을 받아 청년이 창업하는 것을 돕고 있지.

3. 인도 남부 지역 타밀나두는 학교를 졸업한 청년들이 벤처기업을 차릴 때 돈을 빌려주는 '새 기업가와 기업 발전제도'라는 사업을 펼치는 중이야.

4. 국제노동기구는 '청년을 위한 양질의 일자리'라는 사업을 통해 전 세계 3,300만 명이 넘는 청년을 지원하는 한편, 청년 교육과 경영 훈련, 청년 고용 지원에 6억 5,000만 달러를 투자했어.

공정한 임금

양질의 일자리란 일한 만큼 공정한 대가를 받는 직업이야. 하지만 모든 고용자가 공정하게 임금을 주지는 않아. 그리고 같은 직업이더라도 나라마다 임금의 차이가 크지.

게다가 미숙한 노동자와 청년, 여성과 소수집단 출신은 더 많이 일하고도 돈은 더 적게 받는 경우가 흔해. 먹고 살기 위해, 가족을 먹여 살리기 위해 일자리를 간절히 원하지만 일자리가 부족하기 때문이야.

 동일 노동 동일 임금

유엔은 모든 노동자가 동일한 가치가 있는 노동에 대해 동일한 임금을 받을 권리가 있다고 주장했어. 하지만 같은 일을 해도 직접 고용된 노동자보다 하청기업 노동자의 임금이 적고, 같은 교사여도 정규직 교사와 기간제 교사의 임금 역시 다르지.

어느 나라에서 일하느냐에 따라 수입이 달라지기도 해. 예를 들어, 모나코 노동자의 한 달 평균 수입은 1만 5,500달러야. 반면에 아프가니스탄에는 한 달에 고작 40달러만 집으로 가져가는 노동자도 있어.

동일 임금이란 기본 급여만 의미하는 것은 아니야. 추가 근무 등에 대한 수당과 급여 외에 따로 주는 특별 상여금, 여행 경비와 고용 보험 등 노동 환경을 개선하고 직원의 의욕이 향상되도록 투자하는 금액까지 고려해야 하지.

전 세계적으로 여성의 평균 임금이 남성보다 낮아. 이것을 성별 임금격차라고 하지. 여성이 돈을 주지 않는 일을 하거나, 살림이나 육아를 하느라 다른 일을 할 시간이 부족해서 시간제로 근무하는 경우가 많기 때문에 임금격차가 벌어지는 거야. 〈세계 성 격차 보고서〉에 따르면, 교육을 잘 받고 좋은 기술을 가진 여성조차도 임금이 높은 관리직이나 지도자 역할을 맡는 경우가 남자에 비해 적어. 실제로 전 세계 공무원 중 여성은 25퍼센트뿐이야. 성별 임금격차는 세계적인 문제란다. 유엔은 이 상황을 빨리 바로잡지 않으면 임금격차를 해결하는 데 70년 가까이 걸릴 것이라고 내다봤어.

지구 마을 뉴스

일터의 평등을 위한 발걸음 넷

우리가 함께 노력하면 누구나 노동에 대한 공정한 대가를 받을 수 있어.

1. 성별 임금격차를 줄이기 위해 여러 나라의 정부, 고용자와 노동자 단체가 참여해 '동등보수 국제연대'를 만들었어. 이 단체는 임금 불평등에 대한 정보를 공유하면서 임금격차에 대한 인식을 높이는 프로그램을 만들고, 모든 노동자가 공정하고 동등한 임금을 받을 수 있도록 돕고 있지.

2. 유엔여성기구는 전 세계 여성의 역량을 기르고 여성 노동자의 노동 환경을 개선하기 위해 만든 국제기구야. 작은 규모로 사업하는 여성에게 돈을 지원할 뿐만 아니라 직업훈련을 실시하고 있어.

3. 쿡제도와 니카라과, 보츠와나에서는 최근 몇 년 사이에 고위 및 중간 관리직 여성의 수가 25퍼센트 넘게 증가했지.

4. 노동자가 생계유지를 위해 필요한 최소한의 돈을 벌 수 있도록 많은 나라가 최저임금제를 실시하고 있어.

돈을 받지 못하는 노동

모든 일이 임금을 받는 것은 아니야. 힘들게 일하고도 돈을 받지 못하는 경우가 아주 많거든. 가사노동과 가족 돌봄, 자원봉사, 기술을 배우기 위해 스승 밑에서 일하는 도제 등은 가정은 물론, 지역사회와 경제를 떠받치는 아주 중요한 일이지만 금전적인 대가를 얻지 못해. 이것을 무급 노동이라고 하지. 돈을 받지 않는 일이라 해도 시간을 쓰는 터라 무급 노동자는 임금을 받는 다른 일을 하거나 교육을 받거나 휴식을 취할 시간을 내기가 어렵단다.

가사 노동
- 요리와 청소.
- 물 길어오기.
- 장작 등 땔감 모으기.
- 가족이 먹을 농작물과 가축 키우기.
- 가부장적인 사회에서는 많은 여자아이가 빠르면 다섯 살부터 이런 일을 시작해.
- 10~14세 여자아이가 집안일을 하는 시간은 또래 남자아이보다 50퍼센트나 더 많아.

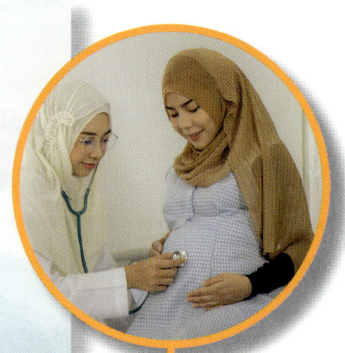

임신
- 임신 기간 중 최소 몇 달은 일을 할 상황이 안 되는 임산부도 많아. 정기검진을 위해 휴가를 내야 하는 경우도 있어.
- 가난한 나라일수록 임신율과 출산율이 높지만, 임산부에게 재정 지원을 할 여력이 없단다.
- 아이를 낳은 다음 일을 다시 시작해야 하는 여성을 지원하는 정책이 아예 없는 나라도 많지.

육아
- 아이를 돌보고 키우는 것은 대개 여성의 몫이야.
- 어떤 아이는 자기보다 어린 형제나 자매를 돌봐야 하지.
- 일을 하면서 아이를 키우는 엄마는 아이가 없는 여성에 비해 소득이 적은 편이야. 아이를 돌볼 시간을 내기 위해 시간제로 근무하거나 상대적으로 임금이 낮은 직업을 선택할 수밖에 없거든. 또한 일과 육아를 함께 해야 해서 부담이 크단다.
- 전 세계에서 하루에 보수 없이 아이를 돌보는 시간을 모두 합하면 무려 160억 시간이 넘어.

돌봄 노동
- 육아 말고도 가족이나 친척 어르신, 아프거나 다친 사람을 돌보는 일도 있지.
- 돌봄 노동은 대부분 여자 어른이나 소녀들이 맡고 있어.

여섯 가지 해결책
- 무급 노동을 실제 가치가 있는 일로 인정하기.
- 맞벌이의 경우 가사 노동과 돌봄 노동을 다른 가족 구성원과 나누어서 하기.
- 보육, 의료, 대중교통 같은 공공 서비스를 개선해서 무급 노동자의 노동 시간을 줄이기.
- 부모 중 최소 한 사람에게 돈을 주는 육아휴직 제공하기.
- 부모가 최대한 빨리 유급 노동에 복귀할 수 있도록 양육 수당 지급하기.
- 모든 무급 노동자가 유급 노동자와 동등한 권리를 누리며 보호받도록 보장하기.

자원봉사
- 자선단체 등에 스스로 참여해서 대가없이 활동하는 거야.
- 자원봉사자는 일하는 시간과 기간을 스스로 정할 수 있어. 때로는 합의서를 쓰기도 하지.
- 자원봉사자도 활동하다 사고를 당하면 보험금을 받는 등 여러 권리를 갖고 있어.

현장 실습
- 현장 실습이란 기업과 교육기관이 협력해서 마련하는 교육 프로그램이야.
- 학생들은 회사에서 하는 일을 관찰하고, 기초적인 업무를 직접 할 수도 있어.
- 현장 실습은 학교의 수업 시간에 실시하는 거라 임금을 받지 않아.

도제
- 도제는 직업에 필요한 지식이나 기능을 배우기 위해 스승 밑에서 일하는 거야.
- 임금을 따로 받지 않고, 교육 기간이 정해지지 않는 경우도 있어.
- 특정 직종에서 처음 일을 시작할 때나 새로운 일을 준비할 때 유용하지.

강제 노동

전 세계 수천만 명이 자기 의사와 상관없이 강제로 일하도록 강요받고 있어. 강제 노동을 하는 사람들은 쉼 없이 일하면서 노예 취급을 받고, 열심히 일하지 않으면 체벌을 받기도 하지.

이런 현대판 노예는 모든 나라에서 찾아볼 수 있어. 인도에 최소 1,800만 명, 중국에 약 300만 명, 파키스탄에 200만 명, 심지어 선진국에도 150만 명이나 있단다.

 현대판 노예

강제 노동과 현대판 노예는 어떤 사람이 자신의 금전적인 이익을 위해 다른 사람에게 부당한 방법으로 일을 시키는 거야. 전체 강제 노동자의 약 70퍼센트는 소녀와 여성, 이주민이지만 소년과 남성도 위험하긴 마찬가지란다.

강제 노동은 처음에는 다른 일들과 비슷해 보이지만 노동자가 곧바로 협박과 폭력에 시달리게 된다는 점이 달라. 형편없는 음식을 먹고 끔찍한 환경에서 생활하고, 감금되기도 하지.

교육과 직업훈련을 받게 해 주겠다며 구직자를 꾀거나 납치한 다음 다른 곳으로 팔아넘기는 인신매매가 벌어지기도 해.

고용자의 말을 듣지 않으면 상황이 훨씬 안 좋은 곳으로 보내질까 봐 부당한 대우를 참는 경우가 많아.

인신매매를 한 경우 피해자를 대부분 불법으로 다른 나라로 보내지. 그러나 절반은 같은 나라 안에서 강제로 일을 시키기도 하고, 피해자가 같은 지역사회 안에서 착취당하는 경우도 있어.

담보 노동은 살기가 너무 어려워서 돈을 빌린 사람에게 빚을 갚으라며 강제로 일을 시키는 거야. 전 세계적으로 가장 흔히 일어나는 강제 노동이지. 일반적으로 담보 노동으로 받는 돈이 너무 적어서 다른 가족까지 강제 노동에 동원되고 있어. 대부분 최악의 노동 환경에서 일하면서 빚도 제대로 갚지 못해. 담보 노동은 인도와 파키스탄 등 남아시아에 널리 퍼졌어. 노동자들은 건설 현장과 광산, 채석장, 제분소, 벽돌 공장, 탄광, 농촌 등 곳곳에서 착취당하고 있지.

지구 마을 뉴스

자유로 향하는 길 셋

여러 단체와 정부가 나서면 현대판 노예를 해방시킬 수 있어.

1. 국제반노예제연합은 현대판 노예가 된 사람들을 해방하기 위해 만든 단체야. 아시아, 아프리카, 유럽 등에서 지역 단체와 협력해 노동자에게 노동자의 권리를 가르치고, 노예제와 강제 노동을 뿌리 뽑기 위해 노력하고 있어.

2. 국제노동기구는 강제 노동과 모든 형태의 현대판 노예제, 인신매매를 없애기 위해 '브리지프로젝트(Bridge Project)'라는 사업을 펼치고 있어. 여러 나라의 정부와 고용자, 노동자, 시민 단체와 협력해 강제 노동에 대한 사람들의 인식을 높이고, 믿을 만한 연구에 기초해 실행 계획을 짜고, 노동자 단체와 고용자 단체의 역량을 강화하기 위해 애쓰고 있지. 이 사업은 모리타니, 네팔, 도미니카, 말레이시아, 니제르, 페루와 우즈베키스탄에서 처음 시작한 뒤 점차 전 세계로 시행 지역을 넓힐 예정이야.

3. 에스티티(STT, Stop the Traffik)는 정부와 기업, 지역사회에 인신매매의 위험성을 알리는 동시에 인신매매 방식을 분석해 피해를 예방할 수 있도록 돕고 있어.

심각한 아동 노동

노동을 강요당하는 노동자 4명 중 1명은 어린이야. 대부분의 어린이가 자유를 누리며 안전한 환경에서 자라고 배우고 뛰노는 동안 전 세계 약 2억 1,800만 명의 아이들은 살아남기 위해 일을 하고 있어. 이 아이들은 돌봄을 받기는커녕 제대로 먹지도 못하고 위험하거나 불법적인 환경에서 하루 종일 노동에 시달린단다.

 ## 잃어버린 유년 시절

집안일을 조금 하거나, 가족이 운영하는 가게의 일을 돕거나, 잔심부름으로 용돈을 버는 것은 어린 시절의 즐거운 추억이 될 수 있지.

하지만 일이 아이의 성장이나 건강과 교육에 나쁜 영향을 끼칠 정도라면 위험할 수 있어.

어떤 아이들은 인신매매를 당해서 노예처럼 일하거나 분쟁 지역에서 무기를 들고 싸워야 하지. 방글라데시, 브라질, 에티오피아, 인도, 나이지리아 등에서는 여자아이가 강제로 일찍 결혼하기도 해. 겨우 8세에 결혼하는 아이도 있단다. 너무 어린 나이에 임신하면 생명이 위태로울 수도 있어.

매우 가난하거나 보호가 필요한 취약 계층에서 태어난 아이들은 어른의 강요로 마약을 팔거나 길에서 구걸하거나 도둑질 같은 범죄를 저지르도록 강요받아. 이런 일들은 모두 불법일 뿐만 아니라 아이들을 위험에 빠뜨릴 수 있어.

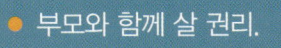
한 번 더 생각해 보기

아동 노동과 노예제는 모두 불법이고, 196개국이 합의한 유엔아동권리협약을 위반하는 거야. 유엔아동권리협약은 18세 미만 아동의 생존과 보호, 발달과 참여의 권리를 담은 국제적인 약속이지. 각 나라의 정부는 모든 어린이가 다음의 권리를 누릴 수 있도록 노력해야 해.

- 생존권과 보호받을 권리.
- 잠재력을 최대한 개발하고 발휘할 권리.
- 차별받지 않을 권리.
- 이름과 국적을 가질 권리.
- 교육받을 권리.
- 부모와 함께 살 권리.
- 표현의 자유.

안전한 일터 만들기

어디에서 어떤 일을 하든지 가장 중요한 것은 노동자의 안전이야. 고용자는 노동자의 건강과 안전을 해치지 않는 노동 환경을 제공할 의무가 있어.

하지만 국제노동기구에 따르면 전 세계 33억 명의 노동자 중 많은 수가 충분하게 안전하지 않거나 부상과 사망의 위험이 있는 열악한 환경에서 일하고 있어.

사고
- 해마다 일터에서 2억 7,000만 건의 사고가 발생하고 이 중 35만 건은 노동자의 사망으로 이어지고 있어.
- 고용자는 일터에 노동자의 안전을 위협하는 요소가 있는지 점검해야 해.
- 필요한 경우, 노동자에게 안전벨트와 안전모, 보호안경, 장화, 장갑, 귀마개, 구조 밧줄, 마스크 같은 보호 장비를 제공해야 하지.
- 모든 기계와 장비, 도구는 올바르게 관리하고 사용해야 해.
- 고장 난 것이 있다면 즉시 보고하고 수리해야 해.

개인 안전
고용자는 모든 노동자에게 업무 현장의 안전 수칙을 반드시 알려야 하지.
- 소화기, 구급상자 등 안전 용품의 위치
- 화재나 지진 같은 응급 상황이 발생했을 때 대피 요령
- 긴급 구조대에 연락할 순간과 연락 방법
- 안전하게 출퇴근하는 법과 업무 현장 주변에서의 이동 요령

매년 4월 28일은 유엔이 정한 '세계 노동 안전과 건강을 위한 날'이야.

건강
- 일하는 환경이 지저분하고 위생이 나쁘거나 소음과 진동이 심하면 노동자가 병에 걸릴 수 있어.
- 업무와 관련된 질병이 해마다 최소 1억 6,000만 건이나 발생하고 있어.
- 해마다 약 43만 8,000명의 노동자가 일터에서 발생하는 위험 물질 때문에 사망하지.
- 일터에서 받는 스트레스나 따돌림, 직장 내 괴롭힘 때문에 노동자의 정신 건강에 문제가 생기기도 해.

노동자의 권리

전 세계 모든 노동자는 정부의 보호를 받아야 해. 각국 정부는 모든 노동자의 권리와 의무를 분명하게 밝히는 노동법을 만들어야 하지. 노동자에게는 다음의 권리가 있어.

- 정해진 노동 시간
- 주 단위로 주어지는 휴일
- 최저임금과 공정한 임금
- 휴일과 휴가 수당
- 교육과 직업훈련
- 보험과 보상
- 최소 노동 연령
- 실업자 지원책
- 공정한 대우
- 노동조합에 가입할 권리

정보 관리

- 고용자는 직장에서 주고받는 모든 정보를 감시할 권리가 있어. 노동자의 이메일과 인터넷 접속 정보, 전화 통화 내역, 전송한 데이터와 사진 등을 추적할 수 있지. 단, 이런 감시 활동에 대해 노동자에게 미리 알려야 해.
- 재택근무 노동자는 업무 시간 외에 인터넷을 사용할 때 사생활을 보호받아야 하지.

유급 휴가

많은 회사가 노동자가 다음과 같은 이유로 휴가를 내더라도 돈을 주고 있어.

- 질병
- 병원 진료
- 임신과 출산
- 집안 문제
- 공휴일
- 가까운 친인척이나 가족이 질병에 걸리거나 사망했을 때

고용 안정성

- 모든 노동자는 고용자와 근로 계약서를 작성해야 해.
- 계약서에는 다음의 내용들이 들어 있어.
  - 고용자와 노동자의 이름
  - 직함과 업무 장소
  - 업무 시작일
  - 예상 업무 시간
  - 급여 액수와 급여 지급 주기
  - 휴가와 질병 휴가 일수
  - 근로 계약을 끝낼 때 미리 알리는 시점
- 제로아워 계약은 노동 시간을 정하지 않고 고용자가 요청할 때만 일하는 노동 계약이야. 노동 시간과 임금을 보장하지 않기 때문에 노동자에게 아주 불리하단다.

자영업자 지원하기

꼭 다른 사람에게 고용되어야만 일을 할 수 있는 것은 아니야. 내가 직접 사업체를 만들어 운영할 수도 있어. 이것을 자영업이라 하는데, 자영업자는 사업주로서 다른 사람을 고용할 수 있지.

자영업자가 사업체를 계속 성장시키고 일자리를 만들어 내도록 정부에서 지원하는 것이 좋아. 특히 작은 회사일수록 더더욱 지원이 필요하지. 그런데 이들을 도울 정도로 재정적인 여유가 있는 나라는 그리 많지 않단다.

 새로운 일자리 만들기

수억 명의 노동자가 제조업에 몸담고 있어. 여기에는 작은 사업체도 포함되지. 하지만 많은 후진국이 제조업 기술을 발전시키는 데 어려움을 겪고 있고, 선진국만큼 생산성이 좋지 않은 것이 사실이야.

식량과 의류는 모든 사람의 생활 필수품이야. 식량을 생산하는 사람이 많을수록 굶는 사람이 줄고, 섬유 산업이 발달할수록 더 많은 옷을 만들 수 있어. 개발도상국들이 식량과 의류를 더 많이 생산하면 전 세계를 상대로 무역을 하는 능력도 높아질 거야.

선진국의 제조업은 모바일 네트워크, 로봇, 3D 프린터 같은 첨단 기술 덕분에 빠르게 성장 중이야.

하지만 개발도상국, 특히 사하라사막 이남 아프리카와 남아시아는 첨단 기술의 발전을 따라가는 데 어려움을 겪고 있어. 요금을 낼 수 없어 인터넷을 쓰지 못하거나 전력 공급이 불안정한 탓에 인터넷이 자주 끊겨서 사업 규모를 키우지 못하는 경우도 많아.

전 세계 거의 모든 회사가 코로나19 팬데믹 때문에 어떤 식으로든 피해를 입었어. 많은 회사가 오랫동안 문을 닫았고, 외국에 물건을 파는 회사는 운송하는 길이 막혀 고객에게 물건을 보낼 수 없었지. 근무 방식을 재택근무로 바꾼 회사도 직원들에게 컴퓨터를 지급하거나 인터넷을 연결하느라 애를 먹었어.

일자리를 만드는 노력 넷

농부와 자영업자를 지원하면 일자리를 더 많이 만들 수 있어.

1. 개발도상국에서는 농부와 사업주가 지식과 기술이 부족한 탓에 다른 나라와 무역을 하지 못하는 경우가 많아. 그래서 월드비전(World Vision) 같은 자선단체와 국제기구들은 농부들이 더 좋은 가격에 농산물을 대량으로 팔 수 있도록 돕고 있지. 이런 도움 덕분에 농부들은 농산물을 판 돈으로 새 장비를 사고 사업도 키울 수 있었어.

2. 케냐, 우간다, 이집트는 과학기술을 발달시키고 인터넷 통신망을 개선했어. 그 결과, 기업의 생산량이 늘고 많은 사람이 좋은 일자리를 구했지.

3. 액션에이드(ActionAid)는 전 세계의 빈곤과 부당함에 맞서는 국제 구호단체야. 소규모 농업을 시작하는 사람들을 지원하기 위해 지속 가능한 농사법을 가르치고, 수입을 늘리는 데 필요한 기술을 알려 주고 있어.

4. 유엔여성기구는 중미경제통합은행과 협력해 과테말라 여성 노동자에게 재정적인 도움을 주었어. 이 덕분에 수천 명의 여성이 소상공업자로 성공하기 위해 훈련을 받을 수 있었단다.

지역사회의 발전을 위해

경제가 좋아지려면 산업이 발달하고 생산량이 늘어야 하지만, 이것은 반드시 지속 가능한 방식으로 이루어져야 해. 기업이 제품이나 서비스를 만들어 파는 과정에서 환경이나 사회에 어떤 식으로든 피해를 끼쳐서는 안 된다는 말이야. 나아가 기업은 가능한 한 지역사회에 긍정적인 영향을 미치도록 노력해야 하지.

 ## 개선이 필요한 이유

개발도상국 대부분은 도로와 수송 체계, 전력 공급 등의 기반 시설이 열악해. 그래서 지역 산업체의 생산량과 소득을 늘리기 위해 기반 시설을 개선하고 있어. 하지만 이 과정에서 환경과 지역 생태계가 피해를 입고 있단다.

현재 여러 산업의 제조 방식은 독성이 있는 폐기물을 만들어 낼 수 있어. 유독성 폐기물이 땅이나 물에 버려지거나 대기로 유출되면 지역사회의 환경이 오염되는 거야.

관광산업은 전 세계에서 가장 빠르게 성장하는 산업 중 하나야. 관광산업은 지역 주민에게 일자리를 제공할 뿐만 아니라 지역 문화와 예술, 공예품 등을 널리 알리면서 경제를 발전시키지. 하지만 관광산업이 제대로 운영되지 않으면 지역 환경에 문제를 일으킬 수 있어. 대표적인 예가 일회용 플라스틱 사용이 늘어나는 거야.

한 번 더 생각해 보기

가난한 나라들 중 많은 수가 작은 섬나라들이야. 이 나라들은 해안가를 따라 발달한 관광지에서 지역과 국가 경제에 꼭 필요한 수입을 얻고 있지. 그런데 코로나19 팬데믹으로 국경이 폐쇄되고 국내외 여행이 금지되고, 해안 휴양지와 다른 관광지마저 한 번에 몇 달씩 관광객의 출입을 막았어. 그 결과로 관광산업이 위축되자 많은 기업과 가족, 개인의 소득이 크게 줄어들었지.

산업계를 지원하는 노력 셋

기업과 산업계 전체를 지원함으로써 양질의 일자리를 만들 수 있어.

1. 필리핀 통상산업부는 패션과 디자인 상품처럼 필리핀의 문화를 홍보하는 제품을 만드는 업체를 지원하고 있어. 또한 작은 회사를 운영하는 사람들이 나라 안팎에서 더 많은 고객을 확보할 수 있도록 웹사이트를 통해 제품을 광고하고 판매하는 법을 교육하고 있지.

2. 인도의 남서부 해안에 있는 케랄라주는 문화와 전통 예술로 전 세계의 관광객을 끌어모으는 중이야. 황동으로 만든 금속 세공품부터 나무 조각상과 코코넛나무나 야자나무 껍질로 만든 제품까지, 케랄라주의 장인들은 자연에서 구한 재료로 관광 상품을 만들어서 지속 가능한 관광산업의 발전에 기여한단다.

3. 30개 이상의 아프리카 국가들, 특히 사하라사막 이남 지역 국가들은 경제 성장을 위해 관광산업을 키우는 중이야. 유엔의 세계관광기구는 이 지역의 관광산업이 지속 가능하도록 관광업자들이 환경보호에 힘쓰고, 관광객과 지역사회의 요구 사항에도 귀를 기울이라고 조언했지.

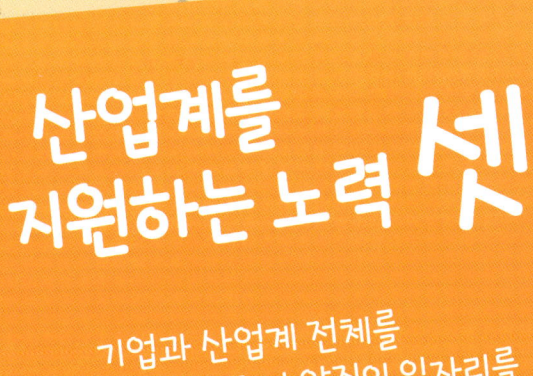

성과 숲 관광 안내

매일 운행하는 베이 크루즈
오전 10시, 낮 12시, 오후 2시, 오후 4시

공정 무역

무역은 나라와 나라 사이에 물품과 서비스를 사고파는 일이야. 무역을 할 때 구매자는 최대한 싼 가격에 물건을 사기 바라는 반면에 생산자는 가능한 한 높은 가격에 팔고 싶어 하지.
그런데 개발도상국의 많은 생산자가 높은 가격은커녕 노동에 대한 정당한 대가도 받지 못하고 있어.
공정 무역은 이런 현상을 바로잡기 위한 사회운동이야. 가난한 나라의 생산자가 일한 만큼 대가를 받을 수 있도록 최저 구매 가격을 보장하는 것이지.

공정 무역 단체와 이 단체를 지지하는 소비자들은 모두에게 평등한 국제 무역을 목표로 삼고 있어.
이들은 소규모 생산자가 아무리 열심히 일해도 그 대가를 대기업과 유통업체가 대부분 가져가는 문제를 널리 알리는 한편, 불공평한 무역 구조를 바꿔 모든 생산자에게 이익이 돌아갈 수 있도록 노력 중이야.

공정 무역 제품의 가격은 조금 올라가겠지만, 그 덕분에 여성과 아동을 위한 교육 프로그램에 투자하는 등 수많은 생산자와 그 가족이 더 나은 삶을 누릴 수 있단다.

생산자에게 공정한 가격을 지불하고, 안전한 노동 환경을 제공하고, 강제 노동을 금지하는 등 노동자의 권리를 보호하는 것을 목표로 '공정 무역 기준'이라는 규칙이 만들어졌어.

공정 무역이 특히 중점을 둔 품목은 커피와 차, 코코아, 목화, 설탕, 과일 같은 농산물과 꽃, 포도주, 금, 수공예품 등이야.

커피는 적도 근처에 있는 50개 이상의 나라에서 재배되고 있어. 커피를 만드는 데는 많은 일손이 필요해. 먼저 붉게 변한 커피나무 열매를 딴 다음 그 속에서 씨앗인 커피콩을 빼내지. 그 다음 커피콩을 말리고 볶은 뒤 곱게 갈아. 노동자에게 당연히 일한 만큼의 대가가 돌아가야 하지.

페루에는 부드러운 알파카 털로 직물을 짜는 전통이 있어서 고원지대에서 이 동물을 키우는 사람이 많아. 생산자가 알파카 털로 만든 제품을 소비자에게 직접 판다면 돈을 더 많이 벌고 삶의 질이 높아질 거야.

아프리카의 코트디부아르에서는 많은 가정이 코코아 재배로 생계를 꾸리고 있어. 공정 무역을 하는 다른 나라들처럼 코트디부아르도 공정 무역 기업과 거래하는 생산자에게 공정 무역 장려금을 주지. 생산자는 이런 추가 소득으로 자녀를 교육시키고 더 나은 삶을 위한 기반을 닦을 수 있어.

위의 사진은 공정 무역으로 생산된 제품을 인증하는 마크야. 원료의 재배나 상품의 제작부터 포장과 판매까지, 모든 생산 단계에서 까다로운 인증 과정을 거쳐야 이 마크를 붙일 수 있어.

공정 무역 인증 마크는 그 제품을 생산하는 회사가 노동자에게 정당한 대가를 지불하고 좋은 노동 조건을 만들며, 지역과 환경의 지속 가능한 발전을 위해 힘쓰고, 무역에서의 동반자 정신을 갖추고, 개발도상국의 농부와 노동자에게 공정한 무역 조건을 보장하도록 노력한다는 것을 증명하지.

경제 개발이 뒤떨어지고 생활수준이 낮은 나라를 경제적 저개발국 또는 개발도상국이라 하고, 경제가 튼튼하고 생활수준이 높은 나라를 경제적 선진국이라고 불러. 경제적 선진국은 대개 전자기기나 자동차 같은 비싼 공산품을 만들어 국내외에 팔고, 차나 커피처럼 상대적으로 저렴한 상품을 수입하지. 경제적 저개발국은 이와 반대야. 경제적 저개발국과 경제적 선진국은 서로 필요한 상품을 사고팔지만, 제품의 가격 차이가 크기 때문에 경제적 저개발국은 돈에 쪼들려서 빈곤에서 벗어나기 힘들어. 공정 무역은 이런 불평등에서 균형점을 찾으려는 노력이야.

힘을 모아야 할 때

유엔의 지속가능발전목표를 달성하는 유일한 방법은 전 세계 지역사회와 나라, 대륙의 모든 사람들이 함께 힘을 합치는 거야.

그런데 코로나19 팬데믹 때문에 이런 협력 관계가 위축되었어. 많은 개발도상국에게는 그 어느 때보다 도움이 필요한 시기인데 말이야.

 **어서 도와줘!**

국민 소득이 낮은 개발도상국을 '글로벌 남반구'라고 부르기도 하지. 상대적으로 빈곤한 국가들이 지구의 남쪽에 치우쳐 있기 때문이야. 개발도상국 대부분은 빚이 많고 외부의 지원을 받아야 할 상황이야. 하지만 원조는 줄어들고 지구 북쪽의 더 부유한 나라들은 개발도상국을 지원하겠다는 약속을 제대로 지키지 않고 있단다.

상품 가격이 점점 오르는 것만큼 건강과 위생에 대한 기준도 높아지고 있어. 그래서 세계 시장에서 살아남으려면 모든 산업에 첨단 기술을 도입해야 해. 이 때문에 소상공인과 소규모 자작농은 국내외 시장에서 물건을 사고 팔기가 더 힘들어졌어.

코로나19 팬데믹으로 해외 이동이 힘들어지는 바람에 새로운 국제 협력 관계를 만들기가 훨씬 어려워졌어. 하지만 국적이 다른 2개 이상의 기업이 손을 잡고 기술과 지식을 나누면 제품과 서비스의 품질을 개선하고, 수입을 늘릴 수 있을 거야.

다자주의는 3개 이상의 단체나 기업, 국가가 동등한 위치에서 무역 문제를 해결하기 위해 협력하는 거야. 다자는 원래 '둘 이상의 사람'이라는 뜻인데, 여기서는 둘 이상의 단체·기업·국가의 의미로 쓰였어. 2019년에 다자주의를 강화하기 위해 뜻을 같이하는 국가들이 모여 '다자주의연대'라는 비공식 협의체를 만들었지. 참가국들은 국제 협력을 강화하고, 유엔의 목표를 달성하고, 모두에게 공정한 규칙을 만들고, 한 팀이 되어 미래의 문제를 해결하기 위해 노력하는 중이야.

지구 마을 뉴스

바람직한 국제 협력 셋

국제 협력과 국제 협약은 모든 노동자와 고용인의 삶을 더 좋게 만들 수 있어.

1. 세계무역기구(WTO)는 국가 사이의 무역 규칙을 만드는 기구야. 무역이 원활하게 이루어지고 무역 협상 과정에서 모든 나라가 보호받을 수 있도록 노력하고 있어. 개발도상국에 필요한 자금과 물품을 지원하고 회원국 사이에 분쟁이 일어났을 때 중재하기도 하지.

2. '무역을 위한 원조'는 세계무역기구가 국제통화기금(IMF)과 세계은행 등의 금융기관을 비롯해 유엔과 국제무역센터 같은 국제기구와 함께 하는 원조 사업이야. 주로 아프리카와 아시아의 개발도상국이 더 활발하게 무역할 수 있도록 도로와 항만, 운송과 정보 통신 시스템 같은 기반 시설을 개선하는 데 지원금을 주고 있어.

3. 2021년 5월, 유엔의 지속가능발전목표를 달성하는 데 과학과 기술, 혁신을 사용하는 방법을 논의하기 위해 '과학·기술·혁신 이해관계자 포럼'이 열렸어. 아이디어를 나누고 여러 제안을 토의하는 과정을 통해 세계 여러 나라가 국제 무역 상황을 개선하는 방법을 찾았단다.

성공적인 모범 사례

많은 나라가 모두를 위해 양질의 일자리를 만들고 경제 성장을 이루기 위해 노력하면서 큰 성과를 거두고 있어. 그중 스위스와 룩셈부르크, 한국의 이야기를 소개할게.

스위스의 높은 고용률

스위스는 성인 고용률뿐 아니라 청년 고용률도 전 세계에서 가장 높은 나라야. 새로운 사업을 시작하고 혁신적인 아이디어나 제품을 선보이는 사람들을 잘 지원하는 것으로 유명하지. 또한 소득과 건강, 교육, 기반 시설 등 10가지 측면에서 한 나라의 성공을 측정하는 '지속 가능 경제 발전 평가 지수'에서 1~2위를 다투고 있단다.

룩셈부르크의 장애인 고용

룩셈부르크는 장애인 고용 지원 제도를 가장 잘 갖춘 나라야. 직원의 일정 비율을 장애인으로 고용하는 '장애인 고용 의무 제도'를 마련했지. 이 최소 비율을 채우지 못한 사업주는 벌금을 내는 반면에 이 비율을 넘겨 장애인을 고용한 사업주는 보상금을 받아. 룩셈부르크는 또한 장애인의 취업 권리를 법으로 보장하고 있어.

선진국으로 격상된 한국

한국은 2021년 유엔무역개발회의(UNCTAD)에서 192개국 만장일치로 개발도상국에서 선진국으로 지위가 격상되었어. 1964년 유엔무역개발회의가 창설된 이래 처음이야. 급성장한 경제 규모와 국제적 위상 제고 등이 반영된 결과로, 많은 개발도상국에서 한국을 모범 사례로 꼽고 있단다.

아직 남은 과제

다음 나라들은 해결하지 못한 문제를 위해 조금 더 노력해야 해.

러시아 : 장애인 고용
남아프리카 공화국 : 청년 실업
파키스탄 : 무급 노동
인도 : 강제 노동
방글라데시 : 아동 노동
시에라리온 : 안전한 일터

생활 속 실천 방법 셋

우리도 양질의 일자리를 만드는 데 보탬이 될 수 있어.
1. 미래의 직업을 위해 교육에 힘쓰기.
2. 공정 무역 제품 구매하기.
3. 아동 노동을 뿌리 뽑기 위해 노력하는 자선단체 후원하기.

찾아보기

개발도상국 11, 12, 24, 25, 26, 28, 29, 30, 31, 32

경제적 선진국 29

경제적 저개발국 29

공정 무역 28, 29, 32

공정 무역 인증 마크 29

과학 · 기술 · 혁신 이해관계자 포럼 31

국제 협력 30, 31

국제개발협회 11

국제노동기구(ILO) 6, 8, 9, 10, 13, 19, 21, 22

국제무역센터 31

국제반노예제연합 19

국제통화기금(IMF) 31

기반 시설 9, 26, 31, 32

난민 8, 9

노동조합 23

노예 18, 19, 20

다자주의 30

다자주의연대 30

담보 노동 18

동등보수 국제연대 15

무급 노동 16, 17, 32

무역 24, 25, 28, 29, 30, 31

무역을 위한 원조 31

브리지프로젝트(Bridge Project) 19

성별 임금격차 14, 15

세계 노동 안전과 건강을 위한 날 22

세계 성 격차 보고서 14

세계의 아동 노동 철폐의 해 21

세계 장애인의 날 9

세계관광기구 27

세계무역기구(WTO) 31

세계일자리협약 6, 7

세이브더칠드런(Save the Children) 21

아동 노동 20, 21, 32

아동 노동 철폐를 위한 국제 이니셔티브 21

액션에이드(ActionAid) 25

에스티티(STT, Stop the Traffik) 19

월드비전(World Vision) 25

유럽연합 13

유엔(UN) 7, 12, 14, 21, 22, 27, 30, 31

유엔무역개발회의(UNCTAD) 32

유엔아동권리협약 20

유엔아동기금(유니세프) 21

육아 14, 16, 17

이민자 9

이주민 8, 9, 18

인신매매 18, 19, 20

장애 8, 9

중미경제통합은행 25

청년보장제도 13

팬데믹 12, 24, 26, 30

글 | 새런 테일러
작가이자 교사로 골드스미스대학교와 데몬트포트대학교에서 공부하고, 2006년에 박사 학위를 받았습니다. 브램블키즈 출판사에서 출간한 여러 과학 책과 연극·예술 관련 책에서 작가이자 편집자, 디자이너로 활약했습니다.

그림 | 엘리사 로치
이탈리아 볼로냐에서 태어났습니다. 어릴 때부터 그림 그리기와 이야기 짓기를 좋아했고, 볼로냐의 예술 고등학교와 예술 아카데미에 다니면서 그림 기법을 닦았습니다. 현재 밀라노에서 살며 어린이 책의 삽화를 그리고 있습니다.

옮김 | 김영선
서울대학교 영어교육과를 졸업하고, 미국 코넬대학교에서 문학 석사 학위를 받았으며 언어학 박사 과정을 수료했습니다. 2010년 《무자비한 월러비 가족》으로 IBBY(국제아동도서위원회) 어너리스트(Honour List) 번역 부문의 상을 받았습니다. 어린이와 청소년을 위한 책을 우리말로 옮기는 일에 힘쓰며 지금까지 200여 권을 번역했습니다. 옮긴 책으로 《제로니모의 환상 모험》, 《구덩이》, 《수상한 진흙》, 《수요일의 전쟁》 등이 있습니다.

감수 | 윤순진
서울대학교 환경대학원 교수이며 한국환경사회학회 회장과 지속가능발전위원회 위원장을 역임하였습니다. 환경 에너지 문제와 기후변화 문제를 환경사회학과 정치경제학적 관점에서 연구하고 있으며, 국내외 학술지에 200여 편의 논문을 게재했고 60여 권의 국영문 단행본 출간에 공저자로 글을 발표하였습니다.

슬기로운 지구 생활
10 좋은 일자리

초판 1쇄 인쇄 2022년 5월 4일 **초판 1쇄 발행** 2022년 5월 25일

글쓴이 새런 테일러 **그린이** 엘리사 로치 **옮긴이** 김영선 **감수** 윤순진
펴낸이 김선식

경영총괄 김은영
어린이사업부총괄이사 이유남
어린이콘텐츠사업6팀장 윤지현 **어린이콘텐츠사업6팀** 강별
어린이디자인팀 남희정 남정임 이정아 김은지 최서원
어린이마케팅본부장 김창훈 **어린이마케팅1팀** 임우섭 최민용 김유정 송지은 **어린이 마케팅2팀** 문윤정 이예주
저작권팀 한승빈 김재원 이슬
경영관리본부 하미선 이우철 박상민 윤이경 김재경 최완규 이지우 김혜진 오지영 김소영 안혜선 김진경
물류관리팀 김형기 김선진 한유현 민주홍 전태환 전태연 양문현
외부스태프 편집 홍효은 **디자인** 러비

펴낸곳 다산북스 **출판등록** 2005년 12월 23일 제313-2005-00277호
주소 경기도 파주시 회동길 490 **전화** 02-704-1724 **팩스** 02-703-2219
다산어린이 카페 cafe.naver.com/dasankids **다산어린이 블로그** blog.naver.com/sdasan
용지 한솔피엔에스 **인쇄** 한영문화사 **제본** 대원바인더리 **코팅 및 후가공** 평창피앤지

ISBN 979-11-306-8901-2 74400   979-11-306-8891-0 (세트)

* 책값은 표지 뒤쪽에 있습니다.
* 파본은 본사와 구입하신 서점에서 교환해 드립니다.
* KC마크는 이 제품이 공통안전기준에 적합하였음을 의미합니다.

All Together : Work and Industry
Copyright © 2021 BrambleKids Ltd
Korean translation copyright © 2022 Dasan Books
Korean translation rights arranged with BrambleKids Ltd through LENA Agency, Seoul.
All rights reserved.

이 책의 한국어판 저작권은 레나 에이전시를 통한 저작권자와 독점계약으로 다산북스가 소유합니다.
신저작권법에 의하여 한국 내에서 보호를 받는 저작물이므로 무단 전재 및 복제를 금합니다.